JACOT

Du même auteur

AU COMMENCEMENT ÉTAIT LA LIBERTÉ
Essai

NOTRE PÈRE...
Oraison en vers

Editions Perret-Gentil

AURIVIEL

MAXIMES POUR UNE FIN DE SIÈCLE DIFFICILE

A l'usage des gens d'esprit, s'il en reste…

Tome 1

C'est une une grande folie que de vouloir être sage tout seul.

La Rochefoucauld

TRICORNE

ISBN 2-8293-0072-7

Avis au lecteur

★ ★ ★

Les auteurs utilisent souvent leurs « introductions », « avertissements » et autres « préfaces » pour préciser ce qu'ils n'ont pas voulu dire, ou pour nuancer ce qu'ils n'ont pas su taire.

Qu'on se rassure : en ce qui nous concerne, nous avons voulu dire tout ce qu'on lira dans ce petit livre, et nous avons encore de la matière pour un second tome !... Aussi cet avertissement a-t-il uniquement pour but de préciser que ce petit ouvrage n'est destiné qu'à ceux qui désirent survivre jusqu'au 31 décembre 1999 à 23 h 59, pour assister à la fin du 20e siècle.

Il est particulièrement dédié aux gens d'esprit, pour autant qu'il en reste encore, parce qu'avec les pandas, les baleines et les gentianes, ces êtres rares sont eux aussi menacés d'être engloutis dans la pollution culturelle de nos sociétés digestives, puisqu'ils dérangent la bonne conscience de l'Etat social.

Maintenant que vous avez acheté ce livre, récompensant ainsi les efforts louables de notre éditeur, vous pouvez vous dispenser de le lire, si vous êtes un fâcheux, un idéologue, un candidat aux présidentielles, un militant syndicaliste ou un présentateur de jeux télévisés. Contrairement aux apparences, cet ouvrage n'est en effet pas à mettre en toutes mains, et il est tout à fait contre-indiqué pour ceux dont les certitudes garantissent le confort intellectuel.

Genève, 1987

JACOT

Première partie

Où l'on se hasarde à parler de morale

1

Nous ne sommes raisonnables que par nécessité.

Argent

— On dit que l'argent n'a pas d'odeur ; c'est plutôt la cupidité qui n'a pas de nez.

Bonheur

— A vrai dire, le bonheur n'existe pleinement qu'au passé.

Confiance

— Il ne faut pas placer sa confiance en des gens avec lesquels on n'est pas disposé à changer.

Décisions

— Les bonnes décisions sont celles que nous prenons sans vraiment savoir pourquoi.

Désir

— C'est avant d'être satisfait que le désir est le meilleur.

Dimension de l'homme

— Dans la recherche de son loisir, l'homme est toujours médiocre. Sa paresse naturelle le pousse vers la facilité et le vulgaire. Ce n'est qu'à l'oeuvre qu'il peut être grand, et ce n'est que dans le dévouement ou le sacrifice qu'il tend parfois au sublime.

Eternité

— Nous sommes tellement précaires que nous ne cessons de considérer l'éphémère comme un acompte sur l'éternité.

Evidence

— Il faut savoir douter de soi, pour être prêt à l'évidence.

Générosité

— Quand le bénéfice de la générosité est revendiqué comme droit, il devient privilège.

Gloire

— Les glorieux sont des médiocres qui s'efforcent d'oublier leur médiocrité.

Jeunesse

— Les excès de la jeunesse nous rappellent que tout est simple quand on n'a rien à perdre.

Morale

— Ceux que la morale dérange s'en débarrassent souvent en montrant qu'elle varie selon les hommes, les institutions et les époques. Mais si la morale varie, ce n'est pas parce que le bien et le mal sont à géométrie variable : c'est parce que l'espace de la morale n'est pas euclidien. Depuis Einstein, on sait que l'espace courbe implique qu'une droite, lancée vers l'infini, retrouve son origine. Depuis toujours cependant, les morales nous disaient que les extrêmes se touchent, que l'excès de vertu débouche sur la turpitude et que le mieux est l'ennemi du bien.

— Se contenter de faire la morale pour bâtir une vie est aussi illusoire que se contenter de faire l'amour pour bâtir un couple.

— Sans l'aide d'aucune morale, ni l'intervention d'aucun confesseur, notre cerveau supérieur nous fait voir, en toute clarté, nos propres turpitudes. Mais nous devons à notre veulerie essentielle d'abandonner à la société le soin de nous sanctionner, et de compter sur Dieu pour racheter nos fautes. Faire le bien est un effort qui épuise nos meilleures intentions.

Mort

— Seuls les très grands sages savent vivre leur mort. Tous les autres gens se contentent, en mourant, de cesser maladroitement de vivre.

— Nos idées sur la mort sont d'autant plus péremptoires que nous n'aurons à les mettre à l'épreuve qu'une seule fois : et si nous nous sommes trompés, nous comptons en être quittes à l'égard de ceux qui nous aurons crus.

Noblesse

— Il n'y a de noblesse ni de sang, ni de fonction : il n'y a de noblesse que de l'âme.

Pain

— Le pain est bon chaque jour, parce qu'il est fade.

Rire

— Le rire est un plaisir collectif.

Sagesse

— La seule sagesse qui nous empêche de dormir est celle de nos dents.

Tabou moral

— Le tabou moral rend le péché attrayant, parce qu'il y a plus de plaisir à enfreindre la défense qu'à manger le fruit.

Temps

— Notre obsession pour le temps qu'il fait n'a d'égale que notre indifférence pour le temps qui passe.

Vérité

— Les seules vérités utiles en ce monde sont celles qui changent avec ceux qui les professent.

Vertu

— Seuls quelques êtres exceptionnels sont vertueux sans y être contraints. Et nous avons beaucoup d'indulgence pour les filous parce que notre propre vertu n'est guère qu'une sorte de sublimation de la peur du gendarme.

★ ★
★

JACOT

2

Il n'y a pas plus conformiste qu'un anti-conformiste.

Air artiste

— Les vrais artistes n'en ont pas l'air. L'air « artiste » est une sorte de guillemets dont s'affublent les cuistres.

Calvitie

— Un chauve qui porte perruque n'a pas perdu que ses cheveux.

Chiens

— Les vrais amis des chiens sont ceux qui n'en ont pas.

— Qui sont donc ces êtres supérieurs qui, tous les matins, arpentent les trottoirs de nos villes en laisse de leur chien ?

Coquetterie

— La coquetterie d'une femme se mesure à la hauteur de ses talons.

— Jadis les hommes faisaient sonner leurs éperons : aujourd'hui les femmes font taper leurs talons.

Culotte

— Seule une femme sur mille peut porter le pantalon à son avantage. Les neuf-cent-quatre-vingt-dix-neuf autres ne s'en consolent jamais.

Dignité

— Les occidentaux qui se déshabillent dans les lieux de leur loisir estival n'enlèvent pas que leurs vêtements : en dénudant leur corps, ils renoncent à cette dignité qui a nom pudeur, et à cette modestie qui a nom décence. Et tous ceux, et surtout celles, qui ont plus de quinze ans, font en plus bon marché de cette prudence qui a nom discrétion.

— C'est le regard des hommes qui dénude les femmes. Trop de femmes préfèrent ce regard à tout autre vêtement.

Egalité

— La femme est désormais l'égale de l'homme : elle ne pouvait en effet tomber encore plus bas.

Femmes politiques

— Les femmes ne sont généralement tentées par la politique qu'à partir du moment où leur miroir cesse de les réconforter.

Femmes qui fument

— Embrasser une femme qui fume, c'est finir ses mégots.

Maquillage

— On comprend qu'une vieille femme se maquille pour cacher ses rides. On a peine à comprendre qu'une jeune femme se maquille pour cacher qu'elle n'en a pas encore. Mais il ne faut pas chercher à comprendre les femmes...il suffit de les aimer.

Modes

— Il n'y a pas que les soldats qui portent l'uniforme : la plupart des détracteurs de l'armée en portent un aussi.

— Est-ce par hasard que certains des plus grands couturiers sont des homosexuels ?

★ ★
★

JACOT

JACOT

3

La maison de Dieu, c'est l'angoisse de l'homme.

Blasphème

— Nos sociétés sécularisées chôment les fêtes chrétiennes avec une frénésie de loisir matérialiste qui véhicule aussi une profanation blasphématoire de leurs sources morales et religieuses.

Destin de l'homme

— Nous nous considérons comme la raison d'être de la Création : je parie que les rats aussi !

Dogme

— Les dogmes des religions seraient beaucoup plus crédibles si les prêtres n'en tiraient pas tant de pouvoir.

Enfer

— En créant l'homme, Dieu s'est offert l'économie de l'enfer.

Histoire des églises

— Lorsqu'on étudie l'histoire des églises chrétiennes, on a peine à croire à la divinité de leur fondateur.

Miséricorde de Dieu

— Si les religions se cristallisent bientôt en morale, c'est que la miséricorde de Dieu est moins propice au pouvoir de l'Eglise que la morale des prêtres.

Mort du Christ

— Jésus-Christ savait qu'il vaincrait la mort. Sinon, serait-il monté sur sa croix ?

Mort de Dieu

— Il y a dans la situation des églises chrétiennes, en cette fin du vingtième siècle, du pathétique et du ridicule. Le pathétique, c'est le désarroi théologique des églises devant une civilisation qui a laissé mourir son Dieu sans mettre en même temps ses prêtres à la retraite. Le ridicule, c'est la fascination morbide des églises pour les nouvelles idéologies, alors que c'est de ces dernières que ce Dieu est précisément mort.

P.S. Graffito sur une vespasienne : Dieu est mort !
Signé : Nietzsche.

Et d'une autre écriture, au dessous, cette réponse : Nietzsche aussi.
Chacun son tour !
Signé : Dieu.

Satan

— Aussitôt que l'homme prend les armes sous prétexte de religion, il rend Satan désuet.

Solitude de Dieu

— Lorsqu'on visite la plupart des églises de la chrétienté, on trouve que Dieu est bien seul.

★
★ ★
★

Deuxième partie

Où l'on se hasarde à parler des manifestations de l'esprit

JACOT

1

Lorsqu'elle n'accouche pas d'œuvres d'esprit, notre vie ne produit que des déchets

Bavardage

— Les plus redoutables bavards sont les intellectuels qui ont déjà tout dit.

Discours créateur

— Beaucoup de gens ne seraient rien si nous ne parlions d'eux sans arrêt ; beaucoup de choses n'existent que si nous cessons de les taire.

Idées

— A en croire ceux qui portent barbes, moustaches et cheveux fous, certaines idées rendent poilu.

— Les idées qui ont besoin de l'alliance du pouvoir pour s'imposer sont indignes de la pensée.

Logique

— Satan a inventé la logique pour que les hommes se prennent aux pièges de leur propre orgueil intellectuel.

Paresse (du cerveau)

— L'anglais qui contamine notre parler quotidien ne prouve pas la faiblesse de notre langue, mais la paresse de nos cerveaux.

Raison

— La raison n'est applicable aux problèmes du monde qu'avec la complicité intéressée du pouvoir.

— Ceux qui proposent que la raison soit chargée de résoudre les problèmes du monde ne connaissent pas la raison. Ils ignorent qu'elle est impérieuse, et qu'elle a inventé la loi ; qu'elle est absolue, et qu'elle a inventé la vérité ; qu'elle est orgueilleuse, et qu'elle a inventé le dogme ; qu'elle est ambitieuse, et qu'elle a inventé le pouvoir. Or on ne pourrait pas commencer d'approcher une solution aux problèmes du monde, sans ces forces complétement déraisonnables que sont l'amour, la compassion, l'humilité etc...

Trahison des clercs

— En cette fin du vingtième siècle, la trahison des clercs, qui fait partie de notre patrimoine génétique occidental, est redevenue à la mode. Trahir ses origines, sa famille ou son église procure des jouissances intellectuelles que celles de la fidélité ne paraissent pas valoir.

Utopie

— L'utopie est le mythe des temps modernes ; par elle nous disons rationnellement les fantasmes dont nous avons besoin pour conjurer l'absurdité de notre condition.

★ ★
★

STADE
CAMPING
JACOT

2

L'apparence est plus réelle que la réalité.

Art

— C'est parce que l'art est incompréhensible pour le commun des hommes que les cuistres peuvent faire illusion : il leur suffit d'être abscons pour qu'on leur prête du génie.

— L'architecture est le portrait pétrifié des sociétés qui se succèdent. La nôtre tourne de plus en plus à sa caricature.

Communication

— On démontrera un jour que la communication non verbale entre les hommes est plus directe et plus riche que tous les discours.

Culture

— La culture est un aliment qui ne remplit pas des estomacs vides.

Ecole

— Le rôle de l'école devrait être d'apprendre d'abord à penser et seulement ensuite d'apprendre à connaître. C'est parce-que c'est beaucoup plus difficile que nos écoles lâchent dans la vie tant de sots qui savent tout, mais qui ne pensent à rien.

— Si l'école voulait apprendre aux élèves à penser, avant de leur apprendre à connaître, elle devrait d'abord remplacer nombre de ses enseignants qui n'ont jamais su penser, et dont la seule avance sur leurs élèves, en matière de connaissances, est leur âge. L'école devrait ensuite se convaincre que l'aptitude à penser n'est pas mesurable en termes de notes, et réformer considérablement ses systèmes de contrôle. Enfin l'école devrait admettre que la population des gens qui peuvent apprendre à penser est infiniment plus faible que celle qui résulte du recrutement d'une école obligatoire : ceci implique qu'on s'occupe de ces rares cas avec un soin tout particulier ; notamment qu'on ne leur inflige pas l'obligation de piétiner avec tous ceux qui n'attendent de l'école qu'un saupoudrage de connaissances... ou un passe-temps en attendant de vieillir.

— Le nombre d'analphabètes qui ont jadis appris à lire est la dérision de notre éducation publique.

Education des filles

— Parmi les nombreuses folies de notre siècle, il y a celle de préférer enseigner aux filles l'algèbre ou la chimie, plutôt que les rudiments de la maternité et de l'éducation des petits d'hommes ; d'encourager les femmes à s'affranchir de leurs familles pour « se réaliser » au super-marché grâce à l'argent gagné à l'usine ; et de les persuader qu'un salaire est plus libérateur que l'amour de leurs enfants.

Histoire

— Ce n'est pas l'histoire qui se répète, ce sont les hommes qui la répètent, incapables qu'ils sont d'en saisir ou d'en utiliser les enseignements.

Modes intellectuelles

— La pensée a aussi ses modes. Il y a aujourd'hui certaines choses qu'on peut encore penser, et dire, mais qu'on ne peut plus écrire. D'autres qu'on ne peut plus penser, même si on les garde pour soi.

Montagne

— Le téléphérique est un hommage que la paresse de l'homme rend à la montagne. *)

Pacifisme

— Il suffit d'ouvrir un journal, ou de s'asseoir dans une salle de cinéma, pour se convaincre que le pacifisme n'a aucune chance dans cette civilisation, dont le principal loisir est le spectacle de la violence.

Poètes

— Il faut se méfier des sociétés qui ne suscitent plus de poètes en leur sein : celà indique qu'elles ont cessé de croire à l'homme qui dit : JE ! Quant aux sociétés qui tuent leurs poètes, elles se condamnent elles-mêmes à la barbarie.

Prophètes

— Nous ne sommes jamais prêts pour les prophètes ; nous n'avons pas le temps pour les philosophes ; et nous oublions les historiens.

Problèmes

— On réglerait facilement beaucoup de problèmes si ces derniers ne nourrissaient pas tant de gens, et si bien.

---

*) variation sur la maxime 218 de La Rochefoucauld.

Racisme

— Il n'y a pas de race supérieure : la proportion des rares individus intelligents dans l'océan des sots est la même, quelle que soit la couleur de la peau.

— La mise au jour des mécanismes psychologiques et sociaux du racisme, et sa mise à ban, sont des conquêtes de la culture blanche d'héritage chrétien. Il est piquant de voir d'autres races, engluées jusqu'aux tréfonds de leur âme dans le tribalisme ou dans l'ostracisme religieux, nous faire des leçons de morale ou de politique sur ce point.

Sottise

— Nous avons une remarquable propension à déclarer intelligents ceux qui nous approuvent, et sots ceux qui nous contredisent.

Succès

— Avant que l'ambitieux n'arrive, le monde était incomplet !

Supériorité

— Pour un homme médiocre, il n'est pas de plus grande jouissance que le pouvoir de faire attendre quelqu'un qu'il sait lui être supérieur.

★ ★
★

L'INTOX
Coup de couteau
Drogue
mort
Espionnage
Racket
Menaces
Manif
Drame
Femme attaquée
violence
VOL
Evacuation
des habitants
140 morts
Inondations
sabotage
criminel
pollution
Explosion
JACOT

3

Après avoir libéré la presse des abus de pouvoir politiques nos démocraties sauront-elles libérer le citoyen des abus de pouvoir de la presse ?

Information

— A la vérité, nous n'acceptons comme information que ce que nous savons déjà. Tout le reste nous paraît de la propagande suspecte.

— L'information à laquelle nous croyons n'a pas besoin d'être véridique. La crédibilité nous importe plus que la véracité. C'est pourquoi, malgré toute notre science, nous sommes toujours la proie consentante des charlatans.

Journalistes

— Les bons journalistes savent distinguer l'essentiel du sensationnel. Ils peuvent se payer le luxe de penser le premier, pendant que leur journal les nourrit en publiant surtout le second.

Opinion publique

— Nous prêtons aux journalistes le pouvoir de créer l'opinion publique : c'est faire trop grand crédit à leur perspicacité. Les meilleurs la détectent ou la précèdent, les pires l'amplifient, et les malhonnêtes la manipulent. L'opinion publique est une sorte de génie que notre inconscient collectif contient et que la vénalité de notre presse libère.

— L'opinion publique, comme la fourmi de dix-huit mètres, ça n'existe pas : ça se chante !

Objectivité

— La télévision considère qu'une émission est objective lorsque les deux parties en présence ont pu s'exprimer. C'est un peu comme si l'on disait qu'un duel est charitable parce que chacun des deux adversaires est à la même distance de l'autre.

Presse

— La presse est un produit que sa consommation détruit. Il est révélateur que nos pouvoirs et nos sociétés ouvrent à ce messager fongible des oreilles aussi crédules.

— Lorsqu'un attentat se produit, on attend toujours qu'il soit "revendiqué" : comme si la signature de l'horreur pouvait en excuser la perpétration. La presse ne se rend même pas compte qu'elle sert ainsi de livre d'or à l'abjection et à la lâcheté.

— La presse devient franchement complice des terroristes lorsque ces derniers passent de la démonstration au chantage. Les pressions et les menaces, que la publicité amplifie au centuple, ne sauraient être légitimement déguisées en produits d'information !

— Si nous avons la presse que nous méritons, elle a plus de pouvoir qu'elle n'en mérite. En fait, nous avons la presse que achetons !

— En satisfaisant d'abord les goûts et les désirs de ses acheteurs, la presse occidentale est tout à fait démocratique : elle respecte scrupuleusement l'opinion du public, ce qui garantit ses ventes. A la lire, on constate à quel niveau culturel cette opinion se complaît.

— La presse donne un statut de héros au criminel parce que nous lisons ces hagiographies violentes avec avidité.

— La presse à sensation n'a pas de lecteurs : elle n'a que des voyeurs.

— Pour s'excuser de ses excès, et pour se faire pardonner ses abus, la presse prétend que ses délais sont si courts qu'elle n'a pas le temps de penser. D'où vient cependant qu'elle ne s'excuse de ses erreurs que lorsque le juge l'y contraint ?

Télévision

— La télévision est à la culture ce que l'alimentation intraveineuse est à la gastronomie.

— La télévision n'informe pas : elle forme ou déforme. Son seul but est d'inciter ses clients à s'asseoir devant l'écran, jour après jour.

— la télévision paraît sourire aux solitaires, mais elle ne les guérit pas de leur solitude : elle ne fait qu'y projeter ses fantasmes voyeuristes, l'exciter du chatoiement de son clinquant et la griser d'images d'un monde factice et bi-dimensionnel, dans lequel on n'arrive jamais, bien qu'il ait une fenêtre dans le salon. Après quoi, à la fin du programme, l'écran redevient opaque, ce qui est sa vraie nature.

— Nos démocraties modernes n'accepteraient pas d'entretenir une église d'Etat ; mais nombre d'entre-elles (à l'instar de toutes les dictatures) entretiennent une télévision d'Etat. Cela ne vous rappelle pas un célèbre principe politique de César ?...

★
★ ★
★

JACOT

Troisième partie

Où l'on se hasarde à parler de pouvoir

1

**On n'est jamais libre :
on ne peut que le devenir.**

Aristocrates

— Tout régime produit bientôt ses aristocrates. Aussitôt après, il ne sert plus qu'à en défendre les privilèges.

Automobile

— Que la voiture automobile ait pu devenir le « symbole de notre liberté individuelle » en dit long sur le niveau intellectuel et moral de nos sociétés occidentales.

Bonheur civil

— Le seul bonheur d'Etat qu'un politicien ou un fonctionnaire peut promettre, c'est le sien.

Bourgeois

— Les bourgeois sont des gens dont l'idéal n'est pas digne de mettre les intérêts en péril.

Confort

— L'amélioration constante du confort de la vie n'a désormais de limite que dans la saturation des âmes, saisies bientôt d'un ennui frénétique que l'accumulation de tous ces objets inutiles ne parvient plus à rompre.

— La civilisation du confort ne nous propose en effet, comme passion et bonheur, que l'accaparement d'objets morts, jusqu'à l'apoplexie de nos égoïsmes. Tout le génie de la publicité s'épuise à assurer vie à ces objets, au delà de leur éphémère attrait lors de l'achat. Quant à nos égoïsmes, ils ne peuvent que s'anihiler mutuellement en leur nécessaire confrontation et en leur pathétique désordre.

— Tous ces objets que la civilisation moderne et la santé de son économie nous incitent à acquérir nous possèdent aussitôt qu'ils nous ont coûté quelque chose : car nous craignons alors de les perdre avant d'en avoir joui pour notre argent.

— Acheter un objet dont on n'a ni besoin ni utilité, c'est se vendre aux exigences de sa possession.

JACOT

Défense du consommateur

— Les organisations de défense du consommateur ne désarmeront que lorsque la satisfaction de leurs revendications aura mis le marché quasiment sous tutelle. Elles ne supportent en effet pas l'idée qu'un acheteur doive assumer ses responsabilités et se montrer clairvoyant dans ses actes d'achat. On devra tenir compte, à l'avenir, du fait que les consommateurs étant aussi des citoyens, leur majorité civique s'accommodera de plus en plus mal de leur minorité commerciale.

Ecologie

— L'écologie politisée est, pour les sociétés prospères, ce que l'acné est pour l'adolescence : une florescence extrêmement désagréable, mais sans aucune importance à long terme.

— La nature terrestre ne sera pas sauvée des hommes par les écologistes. Comme depuis quatre ou cinq milliards d'années, elle se sauvera elle-même, par sa propre écologie.

— L'écologie la plus utile n'est pas celle qui sauve la nature pour l'homme, mais celle qui la sauve de l'homme : en laissant ce dernier s'éliminer lui-même, écologistes compris.

Egalité

— Là où il n'y a pas de supérieurs à déposséder, personne ne se bat pour l'égalité.

Engagement de l'artiste

— Un artiste qui cherche le pouvoir politique fait de son art ce qu'une prostituée fait de son corps : un usage lucratif, mais méprisable.

Etat

— L'Etat est l'enfant naturel de l'orgueil des individus et de la sottise des peuples.

— « L'Etat est aujourd'hui indispensable » : certes ! surtout pour ceux qu'il paie.

Hiérarchies

— Si je pouvais modifier la hiérarchie sociale, je mettrais tout en haut les artistes et les artisans, et tout en bas les politiciens. Mais je ne donnerais pas vingt-quatre heures aux uns pour qu'ils échangent leurs places avec les autres ; car les premiers ne développent leur génie qu'en remontant à contre-courant, et les seconds qu'en poussant le peuple sur sa pente naturelle.

— Les hiérarchies assurent gloire aux médiocres, compétence aux incapables, et sagesse aux imbéciles.

— Que les états et les armées ne puissent accomplir leurs tâches, et remplir leurs missions, qu'en s'organisant en hiérarchies, devrait nous inciter sérieusement à mesurer les tâches et à circonscrire les missions que nous leur confions.

Inflation

— L'inflation est la rançon de notre irresponsabilité.

Intellectuels

— La tactique la plus efficace à l'égard des intellectuels est de les culpabiliser. Il est en effet rare qu'un homme qui pense ne soit pas aussi un homme qui se remet en question. Aussitôt qu'il se croit coupable d'une iniquité culturelle ou sociale, l'intellectuel cherche à concevoir un système qui le libère du poids de sa faute ; et il n'est pas de zèle ni de détermination dont son esprit ne soit capable, quitte à bouter le feu au monde entier pour s'absoudre soi-même.

Liberté

— La femme et la liberté ont en commun le même charme, délicieux et pervers : nous prenons infiniment plus de plaisir, et nous mettons bien plus de zèle, à les conquérir qu'à les conserver.

— Au fond personne ne défend vraiment la liberté, parce qu'il faudrait toujours commencer par la reconnaître d'abord à autrui.

— En Occident, nous ne revendiquons la liberté que pour en user comme des libertins.

— La liberté ne survit pas aux révolutions qui réussissent : elle se dissout tour à tour en rêve et en désordre : le rêve du lendemain qui a chanté occulte la réalité, mais celle-ci ne tarde pas à se venger, car « les faits sont têtus » *). Et le désordre dissipe bientôt l'euphorie du succès jusqu'à faire regretter l'ordre déchu. Comme tout idéal, la liberté s'évanouit à l'instant où l'on pense l'avoir conquise.

— « Il y a peu d'hommes d'un coeur assez sain pour savoir aimer la liberté : tous veulent commander, à ce prix nul ne craint d'obéir. » **)

Il y a peu d'hommes qui sachent tuer en eux l'instinct de domination : ceux-là seuls sont vraiment libres.

Liberté européenne

— A Berlin en 1953, à Budapest en 1956, à Prague en 1968, et à Gdansk en 1980, nous avons décidé que la liberté de certains européens devait être sacrifiée au ventre des autres. Ces étapes de notre démission, qui culminent à Helsinki en 1975, nous retirent tout droit de donner, à qui que ce soit, des leçons d'idéal.

---

*) L'expression est de François Schaller.
**) Rousseau : Note à la VIIIe lettre écrite de la Montagne.

JACOT

Liberté individuelle

— La liberté individuelle et collective, dans un régime démocratique, c'est un idéal bourgeois qui motive des gens dont la vie quotidienne s'épanouit dans cet espace libéral. La majorité du peuple cependant préfère une confortable dépendance à une indépendance risquée. Le glissement des démocraties libérales vers l'Etat totalisant est un processus naturel...et qu'appuient volontiers tous ceux qu'une sécurité servile effraie moins qu'une aventureuse liberté.

— Ce que la démocratie, en tant que théorie, garantit de liberté individuelle, la bureaucratie moderne, en tant que système, le confisque.

Marxisme

— L'Occident a conclu avec le marxisme un mariage de raison. Les pays communistes ont conclu des mariages qu'ils croyaient d'amour, et qui n'étaient que la légalisation d'un viol.

— Obnubilés par les défis explosifs du marxisme théorique, les partisans de la société libérale se sont sentis contraints de satisfaire la majorité des revendications socialistes : en s'appliquant à y parvenir par des systèmes sensiblement différents que ceux prônés par Marx et les siens. Ce faisant, nombre d'utopies marxistes ont été réalisées en occident, alors que les régimes communistes n'y parvenaient pas, tant qu'ils cherchaient à respecter les dogmes idéologiques qui les soutendent.
La vision marxiste s'est effectivement imposée à la société occidentale, grâce aux contre-mesures de ses adversaires. Mais ce faisant, toute la réflexion libérale sur le bonheur social, fascinée par l'enjeu des revendications socialistes et le chantage à la révolution violente qui les appuyait, s'est concentrée sur cet affrontement, au lieu de promouvoir liberté et solidarité sociales dans un contexte conforme à l'héritage des civilisations chrétiennes, qui n'est pas celui de la lutte des classes, mais celui de l'humanisme. Nous avons ainsi corrompu notre héritage moral, en particulier par l'exaspération de la revendication matérialiste, mais nous n'avons suscité à sa place que des solidarités fiscales, là où il aurait fallu lier les âmes. Aujourd'hui, nos sociétés sont peuplées d'assistés solitaires et de barbares subventionnés. Et dans le désenchantement d'une prospérité purement alimentaire, l'être collectif se rebiffe, agite, casse, vandalise, ou s'évade dans toutes les drogues, parce que l'homme ne vit pas de brioche garantie, mais de la faim qui l'incite à l'effort.

Mort des sociétés occidentales

— Une civilisation qui a inventé le tabac, l'alcool, la drogue, et le moteur à explosion, devrait mourir de sa propre pollution. Mais la dénatalité tuera pourtant les sociétés occidentales plus sûrement que la pollution.

ETAT
LIBERTE
JACOT

Nord-Sud

— Les gens du Nord se sont convaincus qu'ils devaient aider les défavorisés du Sud. Ceux du Sud sont misérables cependant parce qu'ils sont naturellement favorisés par leur climat et n'ont ainsi jamais appris à faire davantage qu'à vivre au jour le jour. En bonne logique c'est le Sud qui devrait aider le Nord.

— Au nom de l'intérêt économique, le tourisme a reconquis des espaces dans le Sud où il a ramené des régimes de vie colonialiste qui y avaient été abolis au nom de la liberté.

Régime politique

— Les peuples n'ont jamais que le régime politique qu'ils méritent.

Retour à la nature

— L'homme des villes prétend souvent retourner à la nature, mais il y traîne toujours la ville avec lui.

— C'est toujours le dernier arrivé sur le pré qui dénonce l'envahissement de la campagne par ceux qui prétendent l'imiter.

— L'écologie et le pittoresque campagnard sont des émotions citadines.

Rideaux

— Le rideau de fer, entre l'Est et l'Ouest, est moins hermétique que le rideau du ventre, entre le Nord et le Sud.

Temps modérateur

— Il faut répondre à la révolte des jeunes avec énormément d'amour, beaucoup d'humour et un peu de patience. Mais il ne faut surtout pas la prendre au sérieux : c'est le temps qui s'en charge.

— Il faut répondre à la discipline sociale des adultes avec énormément de sympathie, beaucoup de sens critique et un peu de tolérance. Mais il ne faut surtout pas se presser de la prendre au sérieux : le temps se charge bientôt de vous y convertir.

★ ★
★

HOLIDAY'S CLUB
HC
HC
HC
JACOT

JACOT

Démocratie

— La plupart des peuples sont indignes de la démocratie : c'est la raison du succès (et la raison d'être) des dictatures.

— Selon Raymond Aron, la politique n'est pas réductible à la morale. Il n'y a pas d'idée plus machiavélique : elle a dû échapper à son auteur dans un instant de rare sincérité.

— Si la politique peut être amorale, la démocratie n'a plus aucune raison d'être : la seule excuse de la démocratie est d'être le régime moralement le plus défendable.

— On mesure le degré de pourrissement d'une démocratie à l'importance croissante que prennent les avocats au sein de son personnel dirigeant : c'est la preuve que la loi, au lieu d'être libératrice, est désormais devenue un exigeant moyen de domination.

— Tout régime se détruit un jour par ses propres excès. C'est aussi le cas des démocraties.

— On entend beaucoup parler des abus de la démocratie : pourtant la démocratie ne sert que si l'on en use.

— En démocratie, ceux qui décident sont rarement ceux qui paient, et jamais ceux qui savent.

— On dit qu'à l'armée, ceux qui voient ne commandent pas et ceux qui commandent ne voient pas. La démocratie prouve cependant que donner le pouvoir de commander, par le suffrage, à ceux qui voient, c'est leur inoculer la cécité.

— Le citoyen ne perd son droit de vote qu'avec sa vie : c'est bien pourquoi nous avons des gérontocraties.

— Il y a beaucoup de gens qui ne comprendront jamais rien, et ce n'est certes pas de leur faute. La faute consiste seulement à prendre leur avis sur tout, sous le prétexte qu'ils sont « citoyens ».

— La démocratie est le régime préféré des gens qui pensent petit, car ils peuvent au moins compter sur leur nombre pour contrôler le gouvernement.

— La démocratie anoblit l'ambition des médiocres et justifie le pouvoir des irresponsables.

— « L'Etat c'est moi ! » disait Louis XIV. « L'Etat c'est nous ! » disent les fonctionnaires. La démocratie bureaucratique n'a consisté qu'à mettre l'arbitraire au pluriel.

— Les « landsgemeinde » ne sont pas plus démodées que les parlements, les bulletins de vote et les partis politiques : toutes ces formes d'expression de l'opinion des citoyens datent des lampes à huile.

— L'Etat de droit démocratique repose sur la plus géniale des escroqueries : le principe que « nul n'est censé ignorer la loi ». En fait, l'Etat lui-même est incapable de connaître toute la loi qu'il doit appliquer, mais le peuple continue à croire à ce principe comme les bambins au père Noël.

— Nous avons besoin du théâtre de la démocratie pour nous consoler de n'être pas nous-mêmes au pouvoir.

Etat bureaucratique

— L'Etat bureaucratique n'a qu'un seul but : nourrir ses bureaucrates. Il n'agit pour le bien public, quel que soit le sens que l'on donne à ce terme, que lorsque ce dernier est compatible avec son objectif unique.

— Un Etat démocratique devient bureaucratique dès que, par leur nombre, ses fonctionnaires en maîtrisent les élections.

— Pour la liberté du peuple, il est moins dangereux de donner aux fonctionnaires le droit de grève, que le droit de vote.

Etat-Stop

— Sur l'avenue des Largesses Publiques, nous faisons tous de l'Etat-stop. Pouce levé, nos revendications personnelles et collectives sollicitent un transport gratuit vers la sécurité matérielle, aux frais du reste de la collectivité. Et lorsque nous nous laissons prendre en charge par une quelconque subvention, dont nos futiles besoins ont ému la compassion, nous ne nous rendons même plus compte que le carosse de l'Etat-providence est un panier à salade.

Fantasmes publics

— On reconnait une société prospère à ce qu'elle libère toutes sortes de gens de toutes sortes de soucis immédiats de l'existence : ce qui leur permet impunément de poursuivre leurs fantasmes les plus fous, comme activité principale. Ces gens ont beaucoup de peine à accepter que le reste de la nation n'épouse pas aussitôt leurs rêves, ou leurs cauchemars, sous prétexte qu'il faut gagner son pain avant tout. Les institutions démocratiques offrent alors d'extraordinaires possibilités d'imposer à l'ensemble les rêves de quelques-uns, auxquels la loi aura donné le sérieux qui leur manquait. Et voilà pourquoi votre fille est écologiste (pacifiste, abolitionniste, antiesclavagiste etc... en un mot : oniriste).

Gouverner

— « Les peuples ne sauront jamais assez à quel prix l'insolence humaine leur vend le service nécessaire d'un gouvernement. » *)

On a beau le leur dire, le leur répéter, le leur démontrer, les peuples ne veulent pas le savoir.

Impôt

— L'impôt n'est légitime que pour ceux qui en vivent ; il n'est équitable que pour ceux qui le votent ; il n'est excessif que pour ceux qui le paient.

— Les excès de démagogie des politiciens nous démontrent que tout est simple quand c'est autrui qui paie.

---

*) Préface de C. de Rémusat aux Mémoires de sa grand'mère, p.XXIII.

100000 VOIX
50 000 VOIX
20000 VOIX
PAS LE QUORUM

2

Le droit consiste à donner vertu à nos désirs.

Crimes

— La jeunesse malheureuse des assassins émeut nos juges davantage que la vieillesse paisible dont ils ont privé leurs victimes.

Crime politique

— Le crime politique paie encore plus que le crime tout court : dès qu'il a réussi, il peut mettre la loi de son côté.

Déficits publics

— Les avantages électoraux d'une politique de déficits publics sont tels qu'il est exclu de mettre fin à ces pratiques si l'on ne rend politiquement et personnellement responsables les gouvernants qui les décident. La responsabilité doit être directe : les ministres qui engagent, et les parlementaires qui votent des déficits doivent être déclarés déchus et tous leurs avoirs personnels saisis en garantie jusqu'au remboursement de la dette qu'ils ont occasionnée.

— Aucune difficulté, ni même une crise économique, ne justifient d'hypothéquer le pain de nos enfants. Contrairement aux alibis électoraux qu'on invoque toujours, les investissements publics peuvent parfaitement être engagés en puisant dans des réserves, au lieu de vendre le blé en herbe : ceci implique d'admettre que l'Etat fasse un profit sur les services qu'il offre.

— Si l'Etat fait un profit, il faudra avoir les moyens et le courage de mettre ce surplus à l'abri des convoitises des fonctionnaires et des générosités intéressées des politiciens. Ceci implique une politique de réserves planifiées.

— A la base de la démocratie, il y a ce principe que le peuple doit accepter ou refuser librement les contributions qu'il s'impose. C'est pourquoi les déficits publics sont foncièrement antidémocratiques : ils imposent à des citoyens futurs des charges qu'ils n'ont pas votées.

— L'argument selon lequel les déficits sont licites, s'ils servent à financer des équipements publics à longue durée de vie, ne résiste pas à l'examen :

1. nous ne nous « offririons » pas tous ces stades et tous ces palais, si nous devions les payer tout seuls et tout de suite : la méthode de financement vicie la procédure de décision ;

2. si ces équipements n'ont plus aucun attrait, ou plus aucune utilité pour les générations futures, ces dernières ne pourront cependant pas refuser la facture, sous peine de banqueroute.

JACOT

Loi

— Si la loi était claire, il n'y aurait pas besoin de juristes. Si la loi était juste, il n'y aurait pas besoin de tribunaux. Si la loi était libératrice, il n'y aurait pas besoin de prisons.

— L'hypocrisie des lois inutiles est la rançon de la sottise des politiciens. Et si de sots politiciens sont au pouvoir, c'est qu'au royaume des irresponsables les prétentieux sont rois.

— Il est vain d'attendre d'un magistrat élu qu'il applique avec rigueur une loi impopulaire : les nécessités de sa réélection le lui interdisent.

Machiavélisme désuet

— Il n'est pas nécessaire de déployer les subtilités du machiavélisme pour berner les peuples ; ils sont tellement crédules qu'une robuste malhonnêteté suffit amplement.

Ordre

— Les gens veulent que les trains roulent à l'heure, que les rues soient propres, et que tout le monde respecte les lois et réglements : au fond, ils s'accommoderaient très bien de la dictature, pour avoir l'ordre.

Pouvoir

— Chassez le pouvoir, il revient au galop.

— Il ne faut jurer de rien, surtout pas de respecter la constitution quand on désire prendre ou conserver le pouvoir.

— On prend le pouvoir en démocratie comme dans les autres régimes : avec soixante-dix pour cent de mensonge, dix pour cent de surprise, dix pour cent d'audace, et dix pour cent de chance. *)

— Lorsqu'on donne le pouvoir à un homme, on doit savoir qu'il ne le rendra que si on le lui reprend.

— Le pouvoir est la chose au monde qu'on aime le moins partager.

— Fais un procès à celui qui abandonne le pouvoir, comme à celui qui en est chassé : si tu ne sais pas de quoi l'accuser, lui le sait.

— Le pouvoir est la seule vérité de toutes les politiques.

---

*) « Il faut tromper les hommes pour les asservir : on leur doit, au moins dans ce cas, la politesse du mensonge ». Mme de Staël, De l'Allemagne, IIe partie.

JACOT

Préséance

— Dans les vraies démocraties, le peuple reste assis, et le ministre debout.

Prix de la vie humaine

— Notre indifférence pour la vie d'autrui trouve son comble dans la parodie des poursuites pénales intentées aux meurtriers de la route. Le prix moyen de la vie d'un homme est désormais fixé à quelques mois de prison à peine...avec sursis !

— Il ne semble être venu à l'idée d'aucun juge de ce genre d'horreur civilisée de condamner au moins le conducteur meurtrier à se déplacer dorénavant à pieds pour le restant de ses jours. Le droit à la voiture du coupable est plus important que le droit à la vie de ses prochaines victimes.

Puissance publique

— La puissance publique, comme la puissance divine, n'est justifiée que par la foi. Il faut croire à l'Etat pour qu'il existe.

Salut par la démocratie

— Nous ne défendons la démocratie que pour participer au pouvoir. Un démocrate qui accède au pouvoir cesse de croire à la démocratie : le pape est celui des chrétiens qui a le plus de mérite à croire en Dieu.

Tyrannie

— La tyrannie est consubstantielle au pouvoir : non seulement dans les régimes totalitaires, mais aussi dans les démocraties. Les métastases de tyrannie prolifèrent aussitôt que le régime politique s'affaiblit. Seuls les naïfs s'étonneront de les voir apparaître dans une démocratie qui perd sa rusticité.

★ ★
★

3

Les politiciens changent d'autant plus facilement d'avis qu'ils n'en ont généralement pas : ils n'ont que des tactiques.

Ambition politique

— Un ambitieux est un petit homme qui a besoin de se grandir, parce que la réalité quotidienne lui rappelle sans arrêt sa petitesse. Contrairement à tous les autres champs où s'exerce l'ambition des hommes, la politique donne une sorte de grandeur même aux nains.

Ami politique

— On ne devient vraiment ami de quelqu'un que lorsqu'on lui est utile. Lorsqu'un ami politique devient utile, il devient aussi dangereux.

Cartels politiques

— La plupart des états démocratiques occidentaux ont promulgué des lois contre les entreprises commerciales qui voudraient s'entendre pour limiter la concurrence, en se répartissant les marchés, en réglementant leurs prix, ou en constituant un consortium qui s'assure le monopole d'un secteur économique. Aucun de ces régimes démocratiques n'a légiféré contre ses partis politiques qui s'entendent pour limiter la compétition électorale, en se répartissant le pouvoir, en s'attribuant directement les sièges à repourvoir, ou en constituant des coalitions pour contrôler parlement, gouvernement et administration. La démocratie sociale protège le consommateur contre les « trusts », mais livre le citoyen aux combines politiques.

Démagogie

— Les démagogues ne sont pas malhonnêtes : il sont seulement habiles et savent bien que le public les préférera toujours aux gens sérieux.

— La prospérité et l'Etat social aidant, l'écologie a pris le relais de la veuve et de l'orphelin dans l'arsenal verbal des démagogues.

Dévouement politique

— Nombre de politiciens soutiennent qu'ils servent la chose publique par dévouement. Il y a là tout d'abord beaucoup d'orgueil : car c'est prétendre que le pouvoir n'effraie pas leur compétence, et que la chose publique est très en dessous de leur colère. Il y a ensuite beaucoup d'indécence : car c'est oublier qu'on s'est battu à trois ou quatre pour chaque siège disponible. Il y a enfin beaucoup de naïveté : car c'est penser que l'électeur est dupe, alors qu'on lui fait ailleurs la cour la plus servile, dans l'espoir d'assurer la pérennité du mandat. En fait, le dévouement des politiciens à la chose publique, c'est un peu comme l'amour de la courtisanne pour son client : on peut toujours rêver !

AUTOMATIC
JACOT 5·87

Discours politique

— Le but du discours politique est de convaincre que l'illusion peut, au prix du pouvoir, usurper la réalité. C'est sans doute ce qu'a voulu dire cette militante syndicaliste française en prononçant cette phrase extraordinaire :
« Le syndicalisme est l'art de concrétiser l'utopie. » *)

Gauche-droite

— Prétendre gouverner une société par l'alternance de la gauche et de la droite, c'est faire jouer un concerto de Beethoven sur le même piano, par deux solistes manchots : l'un jouant d'abord la partie pour main droite, l'autre ensuite la partie pour main gauche.

— Pour en finir avec le perpétuel affrontement gauche-droite en politique, on devrait couper le pays en deux par le milieu, confier chaque moitié à l'une des tendances, et compter au bout de dix ans le nombre de gens qui ont passé la ligne de démarcation dans chaque sens.

— La seule conviction d'un politicien du centre est son appétit de pouvoir.

— Le sommaire du socialisme est de me convaincre que j'ai droit à ce dont j'ai envie. Et puisque mon confort est mon droit, je n'ai vraiment aucun scrupule à l'exiger de la collectivité.

— Le sommaire du capitalisme libéral est de me convaincre que j'ai droit à ce que je possède. Et puisque mon confort est mon droit, je n'ai vraiment aucun scrupule à le faire garantir par la collectivité.

Gauchisants

— Les plus redoutables gauchisants sont ces fils de bourgeois qui, frustrés ou culpabilisés pendant leur adolescence, tuent, avec la société libérale qu'ils démolissent, l'image du père qui les obsède.

Guerre et paix

— Il y aura des guerres aussi longtemps que ceux qui les décident ne sont pas ceux qui y meurent les premiers.

— La paix ne régnera entre les peuples que lorsqu'on pourra conquérir son voisin pacifiquement : il est probable que les poules auront des dents d'abord.

— Les arsenaux des puissances recèlent désormais tout ce qu'il faut pour dévaster la planète. Mais on n'aura pas besoin de détruire l'homme : concevoir et produire ces armes, c'était déjà se détruire lui-même.

— Les nations ne sont vraiment prêtes à faire la paix que lorsqu'elles perdent tout espoir de gagner la guerre.

---

*) Entendu à France Inter le 19.10.85.

MERDE
A PAPA
MORT
AU TYRAN
JACOT

Majorités

— Les majorités tournent comme les sauces : il suffit d'un instant d'inattention.

Partis politiques

— On ne peut tout à la fois être socialiste, intelligent et sincère : ou bien on est socialiste et intelligent, mais on n'est pas sincère ; ou bien on est socialiste et sincère, mais on n'est guère intelligent ; ou bien on est intelligent et sincère, mais alors on ne peut vraiment pas être socialiste.

— Les catholiques-démocrates se font appeler chrétiens-démocrates : c'est parce qu'ils savent bien que s'ils sont de vrais catholiques romains, ils ne peuvent être démocrates ; et que s'ils sont vraiment démocrates, ils ne peuvent être de bons catholiques.

— Les communistes d'occident ont deux types d'électeurs : les premiers et les plus nombreux que Lenine appelait les « idiots utiles » sont des esprits simples qui ne se rendent pas compte que si le parti accédait au pouvoir, la première chose qu'il ferait serait de supprimer le droit de vote, même à ses partisans ; les seconds et les moins nombreux sont des esprits forts qui comptent être du côté de ceux qui règnent et pas de ceux qui subissent, si le parti devait un jour recevoir le pouvoir ; ou, plus naturellement, le prendre.

— Les conservateurs, en politique, sont fabricants de solutions en conserve : dans des boîtes en fer blanc juridique, ils proposent un passé qu'ils croient avoir compris et qu'il suffirait de réchauffer pour maîtriser un présent qui dérange.

— Il est piquant de voir les mouvements socialistes et syndicaux actuels exiger « la conservation des acquis » alors que toute l'action politique de ces gens, depuis cent cinquante ans au moins, n'a consisté qu'à contester aux gens qui avaient quelque chose, le droit de le conserver.

Politiciens

— La plupart des politiciens, dans le privé, ne tarissent pas de ragots et de nauséeux racontars sur le milieu dans lequel ils vivent. Mais si quiconque s'avisait de proclamer, en public, la moitié de ces histoires douteuses, toute la classe politique ferait corps pour protester que la démocratie elle-même est agressée.

— Ce qui sauve les politiciens, c'est l'impunité dont jouit leur mauvaise foi. Ils peuvent vraiment dire n'importe quoi au sujet d'à peu près tout, l'électeur ne paraît pas leur en tenir rigueur : il préfère même « l'hénaurmité » des mensonges démagogiques à l'humilité des vérités impopulaires.

Promesses politiques

— Les promesses politiques se perdent dans l'élection comme les fleuves se perdent dans la mer. *)

---

*) Variation sur la maxime N° 171 de La Rochefoucauld.

JACOT

Réélection

— Aussi longtemps qu'un magistrat est rééligible, il ne peut concevoir d'avenir au pays que par sa réélection.

Sincérité politique

— Si les politiciens étaient sincères, ils baptiseraient tous leurs groupements « Parti de l'ambition et de l'intérêt ». Et leur devise serait : « Périsse la nation pourvu que je sois élu. »

Suffrage

— Le suffrage joue en politique le même rôle que la flatterie en société : celui de convaincre les moineaux qu'ils sont des aigles.

— Le peuple vote selon l'emballage. Un titre accrocheur, ou un slogan vengeur suffisent à convaincre les électeurs puisqu'ils ne lisent jamais jusqu'au bout les contrats politiques qu'ils signent par leur suffrage.

— En démocratie, on est élu quand on dit ce qu'il faut dire, et battu quand on fait ce qu'il faut faire.

— Le seul suffrage nécessaire est celui que l'on exprime avec son existence quotidienne, comme ces allemands de l'est, qui sautent par dessus le mur.

Suffrage universel

— Le suffrage universel est inefficace, parce que les imbéciles sont légion, et les irresponsables majoritaires.

JACOT

Envoi

— Entre le vrai et le faux, il n'y a souvent que l'autorité de celui qui parle.

— Le monde serait moins égoïste si le Christ avait dit : "Aime-toi comme tu aimes ton prochain".

— Ce que nous craignons le plus de perdre, c'est la face.

★
★ ★
★

Imprimé en Suisse